RÉPONSE A UN SOUS-PRÉFET

PENSÉES

DIVERSES & DE TOUTES SAISONS

POUR OU CONTRE

L'AMOUR

LES FEMMES, LE MARIAGE

ET LE RESTE

Par l'Honorable CELEBS

CHATEAUDUN

H. PRUDHOMME, IMPRIMEUR DE LA SOCIÉTÉ DU " PATRIOTE "

1891

PENSÉES

RÉPONSE A UN SOUS-PRÉFET

PENSÉES

DIVERSES & DE TOUTES SAISONS

POUR OU CONTRE

L'AMOUR

LES FEMMES, LE MARIAGE

ET LE RESTE

Par l'Honorable CELEBS

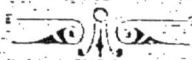

CHATEAUDUN

H. PRUDHOMME, IMPRIMEUR DE LA SOCIÉTÉ DU " PATRIOTE "

—

1891

Tous droits réservés

L'AMOUR, C'EST LE NÉANT !

Lecteur,

Je me permets, croyant m'adresser à un homme sérieux, de vous dédier les pensées et les pages qui suivent.

Seul, vous pouvez comprendre à quel sentiment j'ai obéi, en écrivant.

Les gens mariés ne méritent pas l'honneur d'entrer dans ma République, et je défends bien aux importuns de jeter les yeux sur ces lignes, produit d'un esprit et d'un cœur révoltés.

N'allez pas bondir d'indignation, au moins; soyez aussi calme que moi, en dictant la prose, image fidèle de mes idées.

Ne criez point anathème au profane, et témoignez toute votre indulgence envers le blasphémateur; pardonnez au besoin l'énormité commise dans l'hérésie.

CELEBS

24 Février 1889,   An 97 de la Liberté.

Ã. B.   3, 6 Ventôse.

PENSÉES

Chaque être sent ou voit l'amour à sa manière ; aucun ne peut le définir, ni le comprendre.

L'amour, tyran de l'homme, est une passion mise en nous par la nature ; la sensibilité, le sentiment, ou la sensation, n'ont rien de commun avec lui.

Œuvre musicale, l'amour contient des airs variés.

Aimer, c'est trop croire en soi.

L'amour est un rêve, une illusion; à tout âge, il nous apporte une déception sûre.

L'infini et l'amour sont aussi peu intelligibles pour notre raison, que le temps, l'espace ou un Dieu créateur.

Nous poursuivons dans l'amour un faux idéal; ce mirage cause notre perte et absorbe nos facultés vives, au détriment du côté sérieux de l'existence.

La nature veut que nous nous reproduisions simplement les uns les autres; au lieu de nous occuper de l'amélioration de la race ou de l'espèce humaine, nous ne cherchons en amour qu'une extase, ou un bonheur qui n'est point de la terre, ni d'ailleurs.

Rarement l'homme guérit du mal d'amour.

La femme caresse comme une chatte, avant de mordre quelquefois comme la vipère.

La jeunesse invite à l'amour que le désir provoque.

※

Le parfait amour n'existe pas ; rien ne peut s'accorder pour le faire naître.

※

Dans la vieillesse, l'ange de l'amour vous sourit avec sa torche funèbre, mais la lueur qu'elle projette autour de vous, sert à terrifier devant l'étendue obscure qui vous environne, devant la stérilité de vos regrets du passé.

※

L'amour est peut-être la vie, la création des êtres ; s'il sert à leur remplacement, il ne mesure pas leur durée.

※

Le feu dévorant de l'amour ne laisse derrière lui que des cendres amères.

※

Une belle femme saisit avec amour la main du jeune homme, avec respect et amitié celle du vieillard ; le premier comprend le sentiment de cette beauté, et le néant écrase le souvenir cuisant du second.

L'excès d'amour engendre la jalousie, sans l'excuser.

※

Si la différence des sexes est nécessaire au physique, le moral veut plutôt similitude dans le tempérament et le goût des sens.

※

Qui dit mariage, parle de la routine de l'amour et de la vie.

※

Connaître la femme est aussi difficile que comprendre l'amour.

※

La femme non satisfaite ne pardonne jamais à l'homme, même amoureux.

※

L'amour ne sait point calculer; dès sa naissance, il se laisse entraîner par la passion.

※

Les femmes sont de jolies, mais dangereuses comédiennes, créées par la nature; elles savent leur jeu, leur rôle, sans éprouver le besoin de l'apprendre; et l'homme les applaudit d'instinct.

Si la femme n'aime pas beaucoup l'homme,
elle déteste davantage sa semblable.

Les devoirs du mariage sont trop nombreux
pour que chacun de ses disciples n'y manque pas
cent fois par jour.

Une passion amoureuse nous enivre pour
l'instant, après quoi nous retombons dans la
réalité du vide.

Parler souvent d'amour, c'est le connaître peu
et le pratiquer encore moins.

Le mari qui se laisse conduire par sa femme,
abdique entre ses mains, et cesse d'aimer celle
qui le méprise.

Chez les femmes, la pudeur est un piège tendu
à notre naïveté.

Ne dites jamais rien de désagréable à une
femme, le dédain suffit.

Les jeunes veulent parler de leurs bonnes

fortunes en amour et font pitié ; si la sève est montée trop tôt, dès demain ils seront flétris.

La femme belle s'étale avec complaisance devant les regards de l'homme ; un murmure approbatif de ce dernier lui fait du bien, comme l'astre du jour sur la rose des jardins.

D'après Murger, le mariage est le terme de l'amour ; j'ajouterai que c'est la fin de l'homme.

Le philosophe n'a jamais la maladie de l'amour.

Le journal est devenu l'amant de cœur de la réclame et de l'annonce ; ce n'est point toujours par amour de la vérité qu'il s'imprime et surtout qu'il se lit.

L'amour engendre la lâcheté, mais un homme vraiment fort sait lui résister.

L'amour est le viatique des faibles, des insensés.

Celui qui ne croit à rien, pas même à l'amour, est le sage de l'avenir.

Notre pays de France, imbu des théories et des fictions d'un autre âge, est trop ami de l'amour; aussi quels travers, quelle légèreté dans les choses de la politique et de la vie réelle, depuis des siècles !

La véritable gloire est de triompher de l'amour; vous n'aurez ni marbre, ni bronze, mais vous serez un grand homme, votre immortalité sera plus durable que celle des quarante fauteuils académiques.

L'amour ne nous fait pas plus de mal que les tyrans.

L'infaillibilité n'existe point avec l'amour et la vertu.

L'amour est un fétiche pour l'homme idolâtre.

Les replis du cœur amoureux sont du pur machiavélisme.

Vous n'aimez que ceux qui vous flattent, en vous détestant.

※

L'amour ne se survit pas à lui-même.

※

Celui qui se respecte n'oserait respecter l'amour.

※

L'amour est le plus terrible des engins de guerre, découverts par la triste humanité.

※

La philosophie peut seule distraire de l'amour, simple jeu de hasard.

※

Amour, foyer de pestilence, tu es en rupture des enfers!

※

L'amour est un cloaque, où tout se perd sans se régénérer, bon à mener par un canal, jusqu'à l'Océan.

※

Les miasmes délétères de l'amour sont pernicieux pour les sociétés comme pour les plantes; ils empoisonnent ceux qui les respirent.

Les vantards de l'amour sont des rhéteurs; restez dans votre officine, charlatans burlesques!

L'amour tue la patrie; pourquoi s'est-elle laissée épuiser, au lieu de se débarrasser de lui? Encore une question de panache.

L'amour ne veut point être surveillé, pour mieux accomplir son œuvre de destruction.

L'amour demande l'autorité sur tous, sans la liberté pour chacun d'échapper à ses arrêts de mort.

Si le personnel de l'amour est bien varié, ce demi-dieu malin ne change guère d'idéal, la ruine.

L'amour se reconnaît avec tous les costumes, ses déguisements le trahissent quand même.

Les sottises de l'amour et ses crimes forment une kyrielle si longue, qu'un être de toute éternité ne pourrait les dire, ni les presses Marinoni suffire à les mettre en colonnes.

La Révolution sur le chapitre de l'amour, voilà ce qui peut faire obstacle à notre anéantissement.

L'opposition à l'amour grandira, je l'espère, et fera comme la tache d'huile. Si je suis seul à lutter aujourd'hui, demain puissé-je être légion !

Les idées fécondes ne viennent pas de l'amour ; à peine peut-il ébaucher un programme ou une profession de foi en quelques mots.

Maître de lui, l'homme n'obéit point à l'amour, ni à ses suggestions passionnelles.

Aveuglé par l'amour, vous marchez sans jamais pouvoir atteindre un but avouable.

L'amour, de ses traits décochés, fait des blessures mortelles ; le glaive de la loi peut le frapper et le bourreau le traîner au dernier supplice, je ne lui donnerai point une larme.

L'amour siffle comme un reptile à la solde de Bismarck.

L'ombre de l'amour ressemble aux ténèbres des catacombes.

L'amour ruine encore plus qu'un mauvais procès.

L'amour condamne la raison, sans appel ni pourvoi.

L'amour obscurcit tout, au point de ne pas vous permettre un jugement droit sur vous-même.

Les fanatiques de l'amour, voilà les idéologues; ils ignorent les convictions profondes.

Ceux qui se laissent mener par l'amour traitent les opposants de monstres; ce mot leur vient aux lèvres comme le plus doux. Libertins, va!

Une nation ne peut être que si l'amour est exilé de la République.

✾

L'amitié sait résister à l'hypnotisme de l'amour; aussi est-elle vierge sacrée et inviolable.

✾

L'amour est le jésuitisme en actions.

✾

L'homme n'est point enfant de l'amour, mais de l'honneur.

✾

Trop souvent l'homme se brise sur les récifs du mariage, après avoir dépensé ses forces pour en doubler le cap.

✾

Amour, tu n'es qu'un mot indigne de l'Académie et du Dictionnaire.

✾

Pour faire une histoire de l'amour, il suffit de s'adresser à ses victimes et d'en faire le dénombrement.

✾

Nos successeurs verront de belles choses dans

le célibat, l'institution de l'avenir, l'instrument du progrès certain.

Deux amours se contrarient et ne chantent jamais à l'unisson, comme le livre de Georges Duruy.

Le célibataire est au-dessus de toute attaque, d'où qu'elle vienne ; lui, le pivot de l'État et par suite de l'Humanité, ne peut être taxé que pour payer les fautes de l'homme marié, et il est assez riche pour équilibrer un budget compromis par le déficit de son ennemi.

Histoire bien ancienne que celle de l'amour et du mariage ; moderne sera celle du célibat.

Au célibataire, plein de cœur et de liberté, les premiers honneurs, les dignités suprêmes ; jusqu'aux faveurs même de la République ; il suffit à l'homme, fatigué par le mariage, d'occuper un modeste emploi, ce sera le châtiment qui commence pour sa désobéissance aux lois de la nature.

Nous serions pris de dégoût pour la femme, si nous arrivions à définir ses allures serpentines.

🍇

Une femme ne vaut jamais ce que vous dépensez pour la posséder.

🍇

La virginité est un leurre; l'Arabe, plus sensé, n'y attache aucun prix.

🍇

L'égoïsme en amour est un don d'en haut.

🍇

Le balai suffit aux hommes cloîtrés dans l'amour.

🍇

Le véritable amour ne recule jamais.

🍇

Ne jetez point la pierre à l'amour, si vous ne voulez lui élever de statues.

🍇

Pratiquez en secret la devise de l'amour, la fraternité.

🍇

Le souffle enflammé de l'amour est une tem-

pête dans le cœur ; le feu de l'amour, la foudre et
l'ouragan ; il tue l'homme, au lieu de l'animer.

Ne vous laissez pas conduire par l'amour ou
par la femme ; les sentiers agréables que vous
suivez avec eux, mènent au précipice, à la mort.

Esclaves de l'amour, donnez-lui vos huit jours,
mais ne les faites pas à ses pieds.

Toutes les infamies de l'amour ne sauraient
s'écrire.

L'impuissance de l'amour égale celle des
feuilles réactionnaires.

Un peuple en décadence s'abandonne à l'amour
honteux.

L'amour est le malheur final des hommes ; il
ne laisse pas même l'espoir d'une consolation
suprême.

Le nombre des victimes de l'amour, depuis
l'origine des temps, est un cruel martyrologe

pour ses adeptes ; néophytes, détruisez à l'avenir
ce répertoire indigne.

A🍇

Mettez l'amour en bouteille, et abandonnez-le
aux caprices de l'onde amère.

A🍇

L'enseigne de Vénus ne vaut pas mieux que le
fond de sa personne.

A🍇

L'amour qui se mire, fait trop de grimaces
pour être beau.

A🍇

L'amour empoisonne les convives au banquet
de la jeunesse, et tous ceux qui en font leur
nourriture.

A🍇

L'amour prime le droit et la force ; singulière
constatation à faire pour les hordes teutonnes.

A🍇

Quand j'entends vanter les triomphes de
l'amour et du mariage, je me figure de suite leur
cortège, conduit par le malheur et l'injustice.

A🍇

L'amour n'a ni règles ni tactique, c'est une
trombe qui passe, le cyclone qui laisse des

ruines, un régime de despote, la pieuvre qui suce jusqu'au trépas, un serpent qui fascine avant de dévorer.

Les amoureux se prétendent tous honnêtes ; quelle duperie pour un penseur !

On ne saurait opposer trop de barrières aux débordements de l'amour et aux transports de la femme.

La folie de l'amour, encore un microbe à envoyer au bon Pasteur.

Amourocratie, décadence de la nation.

L'amour est une bicyclette, sur laquelle les coureurs peuvent tressauter à chaque instant.

L'homme vaut mieux que l'argent, l'argent vaut mieux que l'amour.

L'intrigue, l'ambition, le mensonge, la stérilité, la corruption, amour, voilà tes présents ; père

des maux et des vices, la généalogie est de
piètre noblesse.

***

Amour obligeant, chute obligatoire.

***

Pays libre, amour gratuit et libre.

***

Célibat, disparition laïque des cultes et des
fables religieuses inventés en faveur de l'amour.

***

Haïr l'amour, c'est le raisonner et lui assigner
son véritable rang.

***

L'amour ne révèle ni éloquence, ni harmonie ;
c'est au plus de la musique à la Wagner.

***

La croyance à l'amour vous séduit pour mieux
vous terrasser.

***

Le sot est l'homme qui a encore des illusions
sur l'amour et les femmes ; un habile homme ne
se trompe sur le mérite d'aucun d'eux.

***

Boulanger, le traître, est trop amoureux de la

République honnête, pour ne pas l'assassiner et la dévorer, dans ses folles étreintes.

La morale et l'amour n'ont rien de commun, ni lien de parenté, ni degré d'alliance.

En amour, il faut tromper autrui, en attendant le moment de l'être à son tour.

Comment croire à l'amour et à la vertu, en voyant tant d'êtres aller jusqu'au mariage ?

Les promesses d'amour ont encore moins de stabilité que les ministères.

L'amour, c'est la vie transformée en cadavre.

Tout peuple périt d'amour et de ses lois rigides.

L'amour met trop souvent le revolver au poing pour être honnête.

Demander à l'amour de faire des lois, c'est

s'adresser à un bandit pour gouverner les gens
de bien.

※

Le souvenir affectueux est un tardif hommage
de notre cœur à l'adresse de la vertu.

※

Les femmes nous amusent quelquefois, mais
au prix de quels sacrifices !

※

Le rapt est une brutalité d'amour, digne de
l'âge barbare.

※

La beauté du corps doit passer avant celle des
guenilles dont nous l'affublons.

※

La vertu des femmes est protégée par la loi ; la
solitude protège celle de l'homme, car pour lui
tout contact de la femme est pernicieux, sinon
envenimé.

※

La comédie de l'amour est difficile à jouer en
cinq actes et trente tableaux.

※

Chez une femme amoureuse, la bouderie est un
moyen d'agacer les hommes.

Dès qu'une femme a daigné écouter vos mots d'amour, comme l'ennemi vous êtes entré dans la place, qui n'a plus qu'à se rendre.

※

L'amour et l'absurde sont frères.

※

L'amour sincère n'existe pas plus pour nous que le dieu inventé par les diverses religions connues jusqu'à présent.

※

L'amour est notre tyran de chaque jour.

※

J'aime ; donc, je suis ?

※

L'amour est un magnétisme, le fluide animal qui amène la capitulation du cœur.

※

Ni respect, ni révérence pour l'amour, cette immense bouffonnerie.

※

Dispendieux et inutile comme un objet de luxe, l'amour est un purgatif empoisonné qui ne chasse même pas les humeurs malsaines.

Habillé ou nu, l'amour brûle froidement, comme l'alcool, sans réchauffer le cœur.

※

L'amour glace le sang, mais fond comme un bloc au soleil, devant les rayons d'une volonté souveraine.

※

Pour aimer, j'ai quitté la vie, et je suis entré dans le vide des songes.

※

La femme se rebelle contre la nature, dès qu'elle a enfanté ; elle ne sait point être bonne mère, et ignore le côté utile des deux mamelles dont elle a été gratifiée à sa naissance.

※

Une belle femme ne tire point de ses avantages un sujet d'orgueil ou de concupiscence.

※

L'homme privilégié, qui a eu le rare bonheur de goûter à l'amour vrai, reste plongé dans l'ivresse, puis ne se souvient plus pour l'expliquer autour de lui.

※

Femme, amour, Vénus, Cythère, ne valent pas la sagesse.

Si l'absence est quelquefois un bienfait pour les amoureux, trop souvent elle cause la perte des gens mariés.

Une femme qui ne sait pas pleurer à propos est tellement surprenante, que ce phénomène vaut bien la peine d'être vu, ailleurs qu'à la foire.

Les larmes, le deuil, des voiles, autant de sujets de coquetterie pour les femmes jeunes ou vieilles.

Les serments d'amour ne méritent pas un souvenir.

La femme intelligente devine un maître chez l'homme, sans le faire son esclave.

Le viol d'un serment d'amour fait aux femmes est chose légère, comme une vapeur.

La femme simule volontiers la vertu et la pudeur effarées, sous le masque de l'effronterie.

Les femmes affectent de se défendre contre les

entreprises de l'homme, pour mieux l'abattre et
prendre ensuite la revanche de la faiblesse de
leur sexe.

⁂

Devant le monde, le genre féminin méprise les
vieux garçons, ou les maris libertins ; au fond, il
admire son chef-d'œuvre.

⁂

Les femmes qui jasent sur la nécessité du
mariage, s'illusionnent jusqu'à croire à leur première restauration ; mais celle qui, en tombant,
prêche d'exemple pour la désertion du célibat,
attend, sous l'orme, une seconde restauration
plus durable, celle de la maternité.

⁂

Ne perdez pas votre temps à parler des femmes,
car vous ne serez point cru sur le mal que vous
en direz.

⁂

L'existence est une réalité, et l'amour, une chi-
mère des sens.

⁂

Votre cœur déborde d'amour, et l'esprit ne sert
plus de gouvernail au navire en dérive.

⁂

Croyez-vous à l'amour, disait un sceptique de

mes amis? — Je ne sais, lui répondis-je, comme une femme.

La continence est une volupté de bête fauve, qui s'apprête à fondre sur la première victime à sa portée.

L'amour et la vertu des femmes ne sauraient vivifier un cœur sec.

Habile est la femme qui mieux que d'autres sait dicter ses lois ; celle qui vend l'amour est une infâme.

L'adultère est inspiré par quelques sirènes ; la société a peu de choses à y voir, il nous semble, du haut de sa prétendue noblesse.

La femme vierge, quand elle se rencontre, veut toujours être frappée au coin du vice de l'homme.

Brunes ou blondes valent-elles une dispute d'école ?

Mariez-vous aux veuves, pour combler le vide laissé dans leur esprit ; épousez une jeune fille pour satisfaire sa curiosité native et dompter un cœur.

N'applaudissez jamais l'idée, ni le sentiment des femmes ; vous seriez bientôt obligé de les combattre, et dans cette lutte de belles raisons, vous succomberez fatalement.

Liberté de l'amour, tu n'es un vain mot que pour quelques esprits frondeurs. Celui qui peut te comprendre t'appelle servitude, et tout raisonnement finit là.

Parfois lorsque l'homme se décourage dans les luttes de la vie, il lui semble agréable de se reposer sur le sein d'une femme, et d'y goûter quelques moments de bonheur, mais qu'il prenne garde de s'endormir aux délices de Capoue.

La fidélité dans l'amour prouve-t-elle son partage et sa durée ?

Pudeur, vous n'êtes qu'une chose poussée à l'excès, comme l'indécence.

Dans le xxᵉ siècle, la femme pourra devenir

l'égale de l'homme ; ses efforts tendent à ce but, la femme se rehausse, tandis que l'homme s'abaisse.

⁂

Si mauvais que soit l'amour, mieux vaut encore aimer une femme savante, qu'une bête ou une soubrette ignare.

⁂

Quand ils sont beaux, les yeux de la femme ne devraient être voilés que par des larmes.

⁂

Le célibat a ses joies, ses plaisirs et aussi ses tristesses ; malgré cela, dans notre siècle incroyable, la femme n'étant pas encore ce que nous pouvons souhaiter, c'est la situation qui convient le mieux à l'homme bien doué.

⁂

La femme bavarde à tort et à travers de celui qui lui plaît ; elle se trahit par là aux yeux de ses semblables ; sa discrétion et sa retenue indiquent la note du diapason amoureux.

⁂

Votre père et votre mère, qui ont l'expérience de la femme, s'inquiètent tristement de votre avenir dans le mariage. Pauvres parents !

La solitude du célibat ou les folies du conjungo, choisis, malheureux enfant, entre ces deux condamnations définitives.

⁂

L'homme est une bête peu féroce qui se laisse conduire plus ou moins docilement, selon le degré de beauté de sa femme.

⁂

La double prostitution de l'amour, ce sont les convenances sociales et le mariage.

⁂

Souvent la coquetterie est un manque d'honnêteté féminine.

⁂

Ne méprisez les femmes qu'autant que vous n'aurez point eu de bonnes fortunes avec elles.

⁂

La fécondité dans l'amour dépend de la force de l'homme qui défie, non la mort, mais simplement l'extinction de sa race.

⁂

Dans le mariage, le divorce est obligatoire ; deux époux trop bien unis deviennent dangereux, pour le monde, presque immoraux.

Une femme mariée peut blâmer la veuve qui se rem' .e, mais seulement sous prétexte qu'elle aliène une seconde fois sa liberté.

La femme, inférieure à l'homme aujourd'hui, s'applique à l'égaler, pour essayer bientôt d'être supérieure à lui.

Un mari naïf et bien pensant croit que sa femme se tuera sur son tombeau ; autant la tuer avant soi, pour n'être pas trompé.

Le mariage se concluant par un intérêt quelconque, jamais l'homme, les filles ou les veuves, n'ont pu sincèrement faire son apologie, par sentiment du cœur.

L'amour, comme les ronces, pousse un peu partout ; les terres vierges lui conviennent le moins.

La femme qui consent à se donner ou à se vendre à vous, essaiera de vous faire croire que vous êtes le seul homme rêvé d'elle.

L'amour est un fruit savoureux dont l'écorce est amère et la graine mortelle.

L'homme n'est pas un ingrat, aussi accuse-t-il la nature, sa mère, en disant que tous les maux viennent de l'amour.

L'art d'aimer : un appétit, un désir encore inassouvi.

Toute femme est un démon, et la belle-mère un parasite.

Se défendre d'aimer, comment ne pas se fatiguer d'être assis à une table sans cesse magnifiquement servie ?

Le mariage est une chaîne que deux êtres dissemblables se mettent à traîner péniblement, quelquefois en sens contraire ou pour un long temps, comme les habitants du bagne ; le premier anneau est celui des fiançailles, pour ce lien de chaque jour, au bout duquel pend le boulet de l'existence commune.

L'homme marié est un apostat de l'amour.

L'homme veuf est un libéré du mariage, quelquefois un renégat.

Aimons, mais n'adorons jamais rien.

Le mariage, lien stérile, est l'antidote de l'amour, avant d'en être la fin.

Le célibataire est une sorte de saint, supérieur toutefois à l'eunuque, qui l'est par nécessité, et au prêtre de toute robe, dont c'est la profession.

Aimez, si vous le voulez, et ne vous mariez pas.

Le mariage, sacrifice légal d'une virginité, est le tombeau des rêves amoureux.

Les filles s'attachent à séduire les hommes mariés ; le célibataire ne fraternise qu'avec des femmes libres et maîtresses d'elles-mêmes.

La fille ou la femme publique tend à devenir le dieu du phalanstère humain.

Les hommes mariés sont heureux de connaître les femmes de leurs associés, et de pouvoir par là établir des comparaisons.

L'amour est l'apoplexie du cœur.

L'histoire de l'amour est trop remplie de documents contre lui.

Les horreurs de l'amour ne sont point un roman de fantaisie ; l'affreuse réalité attend son Zola.

Sceptiques sur l'amour, sachons faire notre destinée et mesurer l'inanité de la femme.

Toute licence peut s'admettre, sauf sur la matière d'amour.

Guerre éternelle à l'amour et prenons la revanche.

L'amour est le germe destructeur de la pensée.

Avoir amour en tête, ce n'est point vivre.

L'expérience de l'amour amène la faillite de nos idées.

Le gouffre de l'amour ne rend pas ses victimes.

Les plongeurs au puits de l'amour font l'effet de scaphandriers en détresse.

L'amour a trop de temples, de prêtres et de fidèles ; ce dieu subalterne absorbe les esprits et nous fait manquer à nos premiers devoirs.

À chaque fragment de nous-même que nous avons laissé à l'amour, nous devrions nous faire un tableau de la misère et de la pauvreté de notre vie.

Plaignez l'inventeur peu ingénieux de l'amour ; n'allez pas goûter aux fruits empoisonnés de l'arbre qui les produit, car il ne vaut que l'arrachage et la mise au feu.

L'amour même concentré est sans parfum.

Quelle différence entre l'azur d'en haut et l'amour ! L'un est limpide, et l'autre est le ruisseau dont les fétides exhalaisons vous repoussent.

✤

L'amour prend à la tête comme une grille d'égout.

✤

La bouche d'égout est d'or auprès des nausées de l'amour.

✤

Saisissez l'amour pour l'exécuter, comme fait l'huissier d'un insolvable.

✤

Le chemin de l'amour n'a que des épines, et point de guide pour les éviter au voyageur.

✤

L'inattention donne à la femme l'apparence d'une faute commise : est-ce toujours à tort ?

✤

Méprisons l'amour et ses disciples, cuirassons-nous contre eux, et nous serons invincibles.

✤

Pourquoi ne pas savoir nous contenter de la

nature, cette excellente mère? Quelque chose
nous manque-t-il, ne le demandons point à
l'amour, ni à la femme ; adressons-nous à la
raison.

Le célibataire suit les impulsions de son cœur,
et il ne fait point les songes creux sur l'amour,
dont rêvent ses ennemis.

Le charme du célibat donne une singulière idée
de l'égoïsme des gens mariés.

Le mariage est l'amour concubin.

Ne poursuivez pas l'amour ; c'est un mirage
qui frappe les yeux de votre imagination mala-
dive, vous périrez de fatigue et de chaleur dans
cette course insensée au désert.

L'indulgence pour l'amour fait encourir la
réprobation des personnes honnêtes.

Triste exemple que la recherche de l'amour,

sous les dehors de la paternité! Cette démonstra-
tion de la faiblesse législative prouve le peu de
sens de nos concitoyens; n'en soyez pas jaloux.

🙰

L'abstention enregistrée sur l'amour excite la
colère des penseurs et des notaires; affrontez
l'orage qu'ils préparent, ne craignez pas leurs
traits émoussés.

🙰

L'amour régnant partout, ne gouverne nulle
part.

🙰

Imprudents qui avez aimé l'amour, comment
vous révolter maintenant contre lui et lui cracher
au visage!

🙰

Tirez sur l'amour et mettez dans la cible.

🙰

La révolution contre l'amour est un devoir
social.

🙰

Faute de partisans, que l'amour s'adule lui-
même solitaire.

🙰

La seule réaction permise est celle contre
l'amour, voilà le salut.

Equilibrez vos forces d'attaque, et vous aurez vite raison de l'amour.

***

L'amoureux ne fait rien comme les autres; c'est pourquoi il vilipende le célibataire qui lui demande seulement la tranquillité de vivre selon son désir.

***

Des sommets éthérés de l'amour, l'homme ne peut rien apercevoir; aussi foule-t-il tout sous les pieds.

***

Le métier de l'amour ne mérite pas l'honneur d'une patente de dernière classe.

***

Les fautes commises par les amoureux sont de suite imputées par eux aux hommes qui ne le sont pas.

***

Naïfs, qui voulez nous imposer le dogme de l'amour et introduire le rêve dans la réalité!

***

L'amour saute à la gorge, comme le bandit à l'appât d'une rançon.

Amoureux, battez-vous sur le dos d'une mégère, et nous respirerons alors.

※

L'amour est la ruine publique, comme celle de l'homme privé.

※

Si vous ne vous occupez que de choses amoureuses, la nation périra.

※

Changer d'objet d'amour, c'est consolider le fanatisme.

※

La défaite d'un rival ou le mélange des races, devrait blaser de l'amour ; il n'en est rien cependant. O impuissance terrible que ces drames nés de l'amour !

※

Les vaincus de l'amour entretiennent l'espoir d'une revanche qui sera pour eux une nouvelle défaite.

※

L'amour a ses fervents adorateurs ; attentez à sa vie, ils sont trop anéantis pour le défendre.

※

L'inimitié est la politique de l'amour.

Le stoïcisme consiste à résister aux feux de l'amour, et à se barricader contre lui.

L'amour empêche le progrès, tant souhaité par les masses populaires.

Aujourd'hui, l'amour promet beaucoup, comme un candidat, et il donne rarement quelque chose le lendemain.

La tourbe me fuit, et elle marche sur les pas de l'amour, qui l'entraîne à la mort.

Gens d'esprit, si vous aviez du cœur, vous ne serviriez point dans les rangs de l'amour.

La tempête soulevée par l'amour engloutit les modérés, en couvrant la plaine ; elle est impuissante contre la montagne qui résiste à ses fureurs.

L'amour est une fausse note de musique, répétée par les ignorants et les badauds.

L'amour, qui tient tant de place dans la vie de l'homme, ne compte pas dans l'existence des races.

L'amour, qui tient tant de place dans la vie de l'homme, ne compte pas dans l'existence des races.

Au lieu de prodiges, l'amour enfante la bestialité.

L'amour est un mauvais aiguilleur, dont la manœuvre imbécile fait dérailler le train de l'humanité entière.

L'amour nous empoisonne lentement, comme l'alcool et le tabac; à quand la fondation d'une société d'utilité publique, pour nous protéger contre l'usage et l'abus de l'amour?

Les aigles ont des serres, l'amour n'a que des griffes.

L'amour est une vapeur passagère, que dissipe le sel de la sagesse.

L'homme fort, le mâle, ne cède jamais le pas à l'amour.

Mon *Credo*, c'est la fin de l'amour et du mariage, la résurrection du monde célibataire.

*

C'est à l'amour que nous devons nos folles agitations, notre lassitude extrême, notre épuisement prématuré, nos excès, nos chutes et nos convulsions d'agonie.

*

L'amour avec ses flèches n'est que le valet d'armes de la femme.

*

Au-dessous d'une intelligence commune, l'amour fait un vain bruit comme la grosse caisse du dentiste sur la place publique; passons, et ne nous mêlons point un instant à la foule immense des gogos de village.

*

L'amour a tous les torts, et mauvais caractère par surcroît.

*

Les hommes amoureux cherchent une activité fébrile; c'est que la passion l'emporte chez eux sur la raison.

*

L'amour est vide comme le tube pneumatique;

n'y mettez rien, car tout tombe en même temps,
et se brise dans le néant.

⁂

Plébiscitez l'amour ; vous n'aurez que des *oui*
inconscients dans l'urne, mais dangereux pour
le *non* de l'opposant.

⁂

Comme la médecine de Purgon, l'amour peut
s'ordonner à jeun ou après boire.

⁂

Quel charmant entretien le célibataire a avec
lui-même !

⁂

Donnez vos préférences à l'isolement naturel
du célibat contre la cohue des amours.

⁂

Le plus sûr moyen de tirer parti de soi-même
est de rester célibataire ; seul, l'amour touche les
sots et les faibles.

⁂

La femme n'est toujours qu'une femme, malgré
le degré de sa prétendue légitimité.

⁂

L'enthousiasme du célibat est chose sacro-

sainte ; malheur à l'insensé d'amour qui cherche
à l'éteindre !

Coupable envers le célibat, l'homme se retran-
che derrière la légalité du mariage.

Le célibat fixe le bonheur, l'amour le fait
dévoyer.

Maudites soient les mamelles qui ont donné
le lait empoisonné de l'amour !

Amoureux, ne blasphémez point contre le
célibataire !

Dans l'adversité, vous serez fort si vous
cultivez le célibat ; les gens mariés succombent
trop facilement.

Connais le célibat pour te connaître toi-même.

Le célibat est une mine inépuisable de profits ;
il se fortifie du mal qu'on en dit.

Adopte le célibat, compare toi aux hommes

mariés, et fais-toi une opinion de leur misérable régime.

✥

L'homme meurt de cette convention qui s'appelle le mariage; qu'il le jette au fonds du puits où la vérité s'est réfugiée, et en fasse sortir celle-ci pour remplacer le mensonge.

✥

Les nations célibataires sont florissantes; les peuples mariés végètent et disparaissent.

✥

Belle chose que la maternité, une cible où l'on tire au hasard, sans être sûr du but à atteindre.

✥

L'amour est une tache noire, qu'un bon artiste fait disparaître habilement de son tableau.

✥

L'avarice sur l'amour n'est point une privation; quel impudent oserait la blâmer?

✥

Méfiez-vous de l'amour et ne soyez pas tolérant à son égard; il mène à l'indifférence et à l'oubli de soi-même.

Tenez sans cesse l'amour en observation, et osez le signaler à la malédiction des peuples.

✤

De lui-même, l'amour se dispense d'être quelqu'un ou même quelque chose.

✤

Si vous avez du tact, vous ne serez pas amoureux.

✤

En amour, point de modération, mais la lâcheté ou l'intransigeance.

✤

L'amour ne veut pas être dirigé : or, il ne peut se diriger lui-même.

✤

Les amoureux enclins à parler de leur qualité, flagellent vivement le vice du célibat.

✤

Le défaut de l'amour est de se croire une vertu.

✤

Au fond de tous les vices, se trouve l'égoïsme monstrueux de l'amour, dont la devise est : Aimer l'amour pour l'amour.

Servir ses intérêts ou son amour, c'est tout un, et aussi odieux que léser la vertu.

⁂

Soyons modestes, et que l'aveu de notre infériorité envers l'amour ne nous blesse plus.

⁂

L'amour est l'éteignoir de notre intelligence, comme les clochers ceux du culte romain.

⁂

Les hommes mariés s'améliorent peut-être en changeant de femmes, mais plus encore sur le terrain du veuvage.

⁂

L'amour nous magnétise, et nous appelons cela le calme, le bonheur, la volupté suprême ; seule la nature peut vous guérir des blessures produites par ces artifices sacrilèges.

⁂

J'ose dire à l'amour ce que je pense de lui ; que ma sincérité me fasse des amis, tel est mon désir.

⁂

L'amour qui meurt n'a plus d'intérêt à mentir : puisse-t-il confesser son erreur !

Plus il multiplie les actes d'amour, plus
l'homme augmente ses souffrances et ses
déboires.

※

L'amour n'est point le bonheur et ne peut
inviter à y croire.

※

Selon Alexandre Dumas, l'amour se prend
souvent dans son propre piège.

※

L'amour est l'égoïsme, à la plus haute puis-
sance mathématique de l'algèbre.

※

Si vous voulez être bon, ne soyez pas atteint
de l'affection amoureuse.

※

Restez en paix chez vous-même, et n'ouvrez
point le guichet à l'amour.

※

Tous tremblent de peur devant le minotaure
de l'amour, que j'ai l'audace de combattre seul.

※

Distinguez-vous de la foule en chassant l'amour

à coups de fouet, et vous mériterez une statue de la postérité.

※

Ne jouez pas avec l'amour comme avec un piano, car les notes de sa gamme sont fausses.

※

O saint état que celui de célibataire !

※

L'amour n'est souvent qu'un instrument.

※

En fait d'ailes, l'amour donne des soufflets et le vertige.

※

Nous fabriquons volontiers l'amour à notre image.

※

Vilain sujet que l'amour sorti de l'usine et du creuset modernes, tandis que l'amour antique enfantait des héros, d'après la légende des siècles enterrés.

※

La solitude du célibat rend les illusions douces.

※

L'amour fait tort à la raison; apanage honteux,

il conduit l'homme à l'imbécillité, presqu'à l'enfance.

Gaîté de croque-mort que le rire de l'amour !

Les amoureux grelottent, et ces transis communiquent la fièvre dans notre appartement.

L'amour, propre ou sale, cautérise vite les plaies du cœur.

Nous ne serons en progrès que quand nous aurons flétri et répudié l'amour.

Dans le cercle de l'amour, vous êtes gêné, dites-vous ; eh bien ! brisez-le et sortez.

Avec l'amour, vous ne violerez pas impunément les lois sociales.

La force du célibataire consiste à espérer, dans un avenir prochain, l'enfouissement sans pompe de la bête d'amour.

Dupes de l'amour, pour quel terme lui donnerez-vous congé?

Ne prenez point pour modèles les histrions de l'amour.

L'amour produit l'avortement de vos forces; y consumerez-vous votre être tout entier?

Grande maxime : moraliser l'amour.

Petit sentiment : l'amour est l'idéal!

La retraite du célibat ne produit ni ennui, ni disputes ; l'amour fait vivre dans la solitude, au milieu des sociétés mondaines.

Corruption et dégoût, voilà votre prix coûtant, plaisirs d'amour.

L'amour fait périr la civilisation.

Autant d'amours, autant de chaînes ou d'entraves à votre liberté.

Les impressions de l'amour s'effacent plus vite que celles d'une étoffe cotonneuse.

※

Lunes d'amour mielleux, astres morts ; au milieu de la nuit sombre où vous errez, vous ne faites point voir le plus pâle reflet de votre existence passée.

※

Admirez une belle femme, si vous y tenez, comme le collectionneur fait d'un objet rare ; mais ne vous abaissez pas devant ce corps, au point de vous humilier à ses genoux.

※

L'amour brutal : Femme, je voudrais bien coucher avec vous.

※

L'amour discret : Créature divine, plus douce que le miel du Gâtinais, pourriez-vous me faire la grâce d'accéder à ma prière, et de m'accorder, ne fût-ce que pendant un moment, vos célestes faveurs, rien qu'un simple baiser ?

※

Jouer avec l'amour, c'est jouer à pile ou face.

L'amour est un être inférieur en deux personnes : diable et dieu.

⁂

L'amour n'est plus que l'exploitation, en un clin d'œil ou en un tour de main, d'une vaste mine d'or.

⁂

Ne croyez à rien, pas même à la femme, moins encore à l'amour.

⁂

Le seul blasphème permis est celui contre l'amour.

⁂

L'amour est indigne de la moindre faveur.

⁂

L'amour est le félon de l'amitié.

⁂

L'amour vole les cœurs.

⁂

L'amour vaut-il la peine de s'arrêter à son étalage ?

⁂

Les hommes embrassent l'amour, comme une simple hérésie religieuse.

L'amour ne séduit que par ses manières de caresse, et n'ose se montrer nu.

Aux antipodes de la vertu, l'amour cherche vainement à se rapprocher d'elle et à la renverser de son piédestal.

Les amours ne font jamais d'amis, à aucune halte de notre course dans la vie.

Adorateurs de l'amour, ne bafouez point la philosophie ; celle-ci au moins sait guérir des blessures de votre idole.

La honte se supporte sans douleur ; la vanité humaine rend la jalousie aiguë.

A la femme appartient la passion violente, mais rapide comme les effluves torrentielles de l'amour.

Les femmes aiment mieux l'amour que l'amant.

Beauté et mérite durent si peu chez la femme !

Résistez fermement à l'amour, et vous ne serez plus agité.

⁂

Passez de l'amour à l'ambition, sans revenir au premier.

⁂

Les revers de l'amour m'égaient, parce que je prévois sa chute prochaine.

⁂

Quelle triste ressource d'être asservi à l'idée de l'amour !

⁂

Si j'ose entrer en lutte avec l'amour, admirez ma force de caractère, sinon mon audace.

⁂

Puisque vous connaissez l'amour, comme votre voisin de la campagne, abhorrez-le. Ignorez donc le monstre, et je vous donnerai mon estime.

⁂

Ebranlons la croyance à l'amour, en démontrant ce qu'il est.

⁂

L'homme grand est simple, sans les forfanteries de l'amour.

Sans aucun maître, l'amour s'apprend, comme la mauvaise plante croit d'elle-même ; le malheur et l'expérience enseignent seuls à l'arracher.

Ames sensibles à la douleur d'autrui, vous êtes de granit pour la maladie qui vous ronge péniblement.

Une vieille monnaie sans effigie, voilà le type de l'homme qui a passé par les mains de l'amour.

Dans les ruines amoncelées par l'amour, peut-il y avoir une lueur de délivrance ?

La femme mariée qui possède un amant, est envieuse de ses semblables, quand l'une d'elles lui prend son mari.

Les sauvages répudient l'amour, cette invention due aux procédés pernicieux de la civilisation.

Si l'histoire était impartiale ou plus complète, elle rappellerait les folies d'amour des célébrités.

Pour faire valoir quelque beau sentiment, ne l'entourez pas d'amour ; le cadre tue le tableau.

La passion fait rendre la femme, qui s'excuse ensuite sur sa faiblesse.

Aimez peu, et vous vous ferez aimer des femmes.

L'amitié enlève l'envie, et le véritable amour les choses galantes.

L'honnête femme est vite lasse de sa position.

L'amour est un voleur, qui opère en tout temps, sans brevet, la nuit de préférence, comme les rôdeurs des grands chemins, et les détrousseurs de voitures diligentielles.

N'aimez point l'amour, vous ne pourriez obtenir mon pardon.

L'amour, triste divinité ; si nous le comprenions,

nous jetterions à terre sa statue, et verrions son vide intérieur. Ombre d'Alcibiade, entends-moi !

L'homme amoureux ne sait pas faire son devoir ni sacrifier à la maîtresse raison.

Dans le monde honnête, le respect est pour l'homme épris du célibat.

L'amoureux est égoïste, sans même avoir les bons instincts du chien.

Aimer une femme, et lui pardonner, quand elle vous malmène, voilà un don surnaturel.

Les amoureux se méprisent entre eux.

L'amour n'a jamais rien gravé dans la mémoire, ni dans le cœur.

Je ris de l'amour qui ne vous donne que des larmes.

Satisfait du célibat, je plains cependant la dureté de vos oreilles, car il est mortel le bien-être dont vous paraissez jouir aux heures de l'amour.

Ce vice, qui fait des légions de victimes, est d'un précieux ridicule.

L'amour pur est l'amour caché.

L'amant, jamais en liberté de cesser d'aimer, ne peut sincèrement se plaindre de la femme, sa maîtresse.

A juger l'amour par ses suites, vous voyez qu'il tient de plus près à la haine qu'à la fraternité.

Amour, passion du cœur, tu provoques la sympathie de l'esprit, et l'envie du corps, pour posséder l'objet entier du mystère.

Heureux homme, qui trouvez des femmes sans amant ; il est si facile d'en découvrir qui en aient plusieurs !

Il faut à l'amour, comme au feu, un aliment perpétuel.

L'amour se travestit de bien des manières, autant de copies de l'exemplaire original.

Un grain de sagesse est plus rare que deux grains de beauté.

L'impuissance des gens mariés à se coaliser contre le célibat, est une preuve de leur incapacité originelle pour le détruire.

Critiquons l'amour sous toutes ses formes, et nous aurons l'empire de l'univers.

Quand une nation sait respecter le célibat auquel elle s'est vouée, elle arrive à l'apogée de la grandeur et de la gloire.

Ce qui annonce la ruine prochaine de la passion amoureuse, c'est le triomphe quotidien du célibat sur le mariage. Statistiquez, lecteur.

Le véritable amour est aussi rare qu'un fantôme ou un revenant. Si peu de gens l'ont vu et goûté, beaucoup en parlent néanmoins !

Seul l'amour de la justice est inné chez l'homme.

Le célibat est le phare inébranlable qui doit guider l'espèce humaine, à travers les bouleversements et les tempêtes de l'amour.

Le mariage est un préjugé qui passera comme ses devanciers, et ne sera bientôt plus qu'un souvenir.

L'amour est le pont branlant du diable, qui fait choir dans le gouffre de l'abîme.

L'ignorance de l'amour est la première instruction à donner gratuitement au peuple.

L'amour se prête à un nombre infini de variétés ; aujourd'hui, il est devenu un objet de commerce.

Economisons nous-même, soyons avares de
notre personne ; l'amour est la prodigalité à
mettre sans délai en interdit.

A l'école de l'amour ou du vice, vous cessez
de vous appartenir.

Lassons-nous d'aimer, et hâtons-nous de
devenir infidèles, pour nous dégager des liens
de la servitude.

Il est préférable de se défier de sa femme
que de se laisser tromper par elle, honte
suprême.

Haïssez la femme, mais avant de l'aimer
jamais.

Le mariage ne peut être vraiment bon et
utile pour l'homme, encore moins délicieux.

Oui, l'amour fait désespérer, mais servez-vous
de la vertu pour revenir au bien ; malheureux,
suivez le rayon lumineux de cet astre, qui
vous guide comme un pilote.

Elles ne font pas toujours naître l'amour, les femmes qui ont le défaut de s'abandonner à lui.

Soyez sage pour vous-même, avant de l'être pour les autres.

Vous aimez, vous gémissez sur les tortures de votre cœur et de votre être ; le célibat vous guérira promptement de ces maux.

Ne parlez pas d'amour à l'enfant, si vous voulez lui épargner des tortures passionnelles.

Inconstance sans fin que la constance en amour, simple point d'honneur ou de vanité.

L'amour-propre, non l'amour, est l'essence de la jalousie.

On médit de la vertu peu résistante des femmes, comme de la médecine ; heureux cependant de reconnaître parfois leur utilité.

Ne découvrez pas les mystérieuses embûches de l'amour, car vous languirez pour périr inutile à vous et aux autres.

Chose bien difficile que de gouverner l'amour, au lieu de s'empêcher d'être mené par lui!

Aucune expression humaine ne peut rendre les voluptés du célibat, opposées aux supplices de l'amour, instrument nouveau d'inquisition.

N'aimez plus, et vous éprouverez quelque honte d'avoir cédé à la passion.

Une femme sensée ajoute encore à sa beauté.

N'allez jamais rien confesser, surtout l'amour; ce serait dire du mal de vous, et proclamer votre propre déchéance.

L'honnêteté féminine est l'amour d'une réputation apparente, et l'honnête homme est toujours exposé à la raillerie de ses sarcasmes.

Le fond des femmes est la coquetterie; la crainte, non la raison, en retient seulement quelques-unes sur cette pente dangereuse.

La femme croit aimer quand son cœur froid, exempt de passion, ne s'occupe que d'une intrigue galante, et que son esprit ne voit que le plaisir d'être aimée, ou la peine de refuser de l'être.

Parler toujours de soi, tel est l'ennui de l'amant et de la maîtresse qui ne cessent de se trouver ensemble.

Les instincts du singe et de l'amoureux sont frères; ils viennent à l'appui de la thèse de Littré sur l'origine de la bête humaine.

Le caractère doucereux de l'amour, telle est la cause de votre engouement. En garde contre cette Bastille!

Les soupçons injustes naissent de l'amour.

Jamais les femmes ne connaîtront assez l'aversion de l'homme pour leur coquetterie fardée.

Triompher de sa passion est aussi difficile pour la femme que de ne pas tromper son mari.

L'esprit de la femme touche plus à la folie qu'à la raison.

Point de tempérament ni de règle dans le cœur des femmes.

Si l'homme était raisonnable, surtout pour lui, il ne s'infligerait pas le martyre innaturel de l'amour.

Il est si facile aux amoureux de rompre, quand, dessillés, ils ne s'aiment plus !

L'amour est un cadre clinquant autour du tableau de l'esprit humain.

Dans l'amoureux, nul moyen de trouver un homme, même avec la lanterne de Diogène ou de Rochefort.

Guérir du mal d'amour serait plus grand miracle que Lourdes.

Je suis trop homme pour ne pas mépriser la femme, tout en admirant la mère.

Point de médecin pour couper la fièvre de l'amour.

Non, il n'est pas désert, le foyer du célibataire, car la pensée de celui-ci est féconde entre toutes choses.

Tribun de l'humanité contre l'amour seul ou à deux, j'assume simplement la lourde tâche de l'abattre.

Pas d'excuses pour l'amour, à moins de vouloir la punition de ses adeptes.

Comment être forts, si l'amour enlève jusqu'à la conscience de nous-mêmes ?

Martelez l'amour, mais non le bon sens.

Dénoncez l'amour et ses crimes, vous passerez pour un mauvais citoyen, pour un fou.

Le balai de Gargantua convient à mettre l'amour au ruisseau de la voirie.

La vertu féminine est parfois si concentrée, que l'homme se laisse séduire par ses attraits piquants.

L'infidélité n'éteint pas l'amour.

Une femme est-elle digne de la jalousie que vous aurez à son égard?

L'amour ne fait pas mourir la jalousie avec lui.

La femme, qui pleure la mort de son amant, n'agit pas par amour ; elle cherche à paraître digne d'être consolée par un autre sujet de passion.

Ne parlez guère de votre femme, encore moins de vous.

Vous tenez à la santé, soyez sobre en amour.

L'amour serait redoutable, s'il ne se vendait pas.

❀

Trésor caché, dites-vous, que les femmes honnêtes; oui, tant qu'on ne découvre pas leur retraite.

❀

Venant de commettre au dehors une infidélité, vous n'osez pas affronter l'objet que vous aimiez.

❀

Demeurez fidèle à celle que vous aimez, et faites-vous violence; vous touchez alors à l'infidélité.

❀

Ne gardez point longtemps une première maitresse, et passez vite à une seconde.

❀

L'amour, quelle chose rare dans le mariage!

❀

Pratiquants de l'amour, ne soyez surpris d'aucun bouleversement général.

❀

Les cataclysmes suivent de près les excès d'amour.

La loi a dû être inventée comme remède contre
l'amour.

D'un coup abattez l'amour par son côté faible,
sans chercher à le séduire avec des moyens
magiques.

Les forces vitales de la République disparaissent devant l'amour dictateur et triomphant.

D'un coup abattez l'amour par son côté faible,
sans chercher à le séduire avec des moyens
magiques.

La misère enfantée par l'amour ne connaît pas
de limites.

La solution des problèmes irritants du jour
est de concentrer toutes nos forces, face à
l'amour.

Une femme qui aime préfère encore l'infidélité
à l'indiscrétion.

L'amour tarit au lieu de vivifier.

Des actes contre l'amour, mais pas de bavar-
dages, s'il plaît à vous et à Bayard.

L'enfouissement de l'amour sera une œuvre de sage politique, féconde en résultats inespérés.

J'attends impatiemment la fin de ce drame, l'amour, mais pas par un mariage, comme dans la comédie.

L'amour a sa police secrète, qu'il paie sur les fonds d'autrui.

Si vous aimez, vous êtes coupable de ne pas vous apercevoir du moment où vous êtes délaissé.

L'incohérence est à la raison, ce que l'amour est à la logique du cœur.

Elle n'est point cruelle la violence que vous vous faites pour ne pas aimer : comparez-la donc aux rigueurs d'une maîtresse.

L'amour n'est que l'assouvissement d'un appétit plus ou moins bestial.

Pas fier, l'amour terrassé ; le faiseur de vic-

times soupiré en attendant d'être achevé dans
le cirque, devant les ombres des spectateurs,
réunis par milliards.

　　　※

L'amour n'a point de principes et ne peut en
avoir; à la seule étiquette, vous aurez facilement
jugé le contenu du flacon.

　　　※

Par ce temps de badauderie, où des guéris-
seurs sans diplôme proclament les merveilles des
vertus curatives de leurs spécifiques contre tous
les maux, je suis étonné de ne pas voir dépenser
plus de temps à la guérison du cancer de
l'amour.

　　　※

Montrez-vous rebelle aux prescriptions de
l'amour, et vous serez guéri.

　　　※

Bouche d'or, vilaine pensée; amour, c'est ton
portrait.

　　　※

Le nouveau et le plus pressant besoin des
peuples est de se défendre contre les inepties et
les romans de l'amour.

Naïf, qui vous laissez prendre aux larmes trompeuses de la femme et de la séduction !

L'amour, entré dans le sein de l'homme, est le petit caillou qui peut faire sauter les rouages de la machine.

N'aimez pas une femme pour l'amour de sa personne.

L'amour, vil excrément de l'enfer, n'ose se montrer nu ; la morale innée ne s'offusquerait pourtant point à sa vue, et le contraindrait au moins au respect, à la pudeur.

L'amoureux est bien difficile à satisfaire, avouez-le.

Heureux homme, vous êtes content d'être trompé par l'objet de votre amour.

Le Nouveau-Monde, plus positif que l'Ancien, remplace le culte de l'amour par celui du dollar.

Un homme, sorti de l'amour où il s'est plongé,

ne sera pas mieux guéri que le fou, à intervalles lucides.

A⁂

La jeune fille et le vieillard se ridiculisent, en causant de l'amour : la première n'y a jamais goûté, le second ne peut plus y prendre part.

A⁂

L'amour nous fait commettre plus de fautes mignonnes qu'une autre passion.

A⁂

La plupart des amoureux dégoûtent de l'amour, comme les dévots hypocrites de la religion.

A⁂

A l'âge sénile, l'humanité est morte pour les plaisirs de l'amour.

A⁂

Les senteurs de l'amour sont si fortes, que l'amitié paraît bien fade à côté.

A⁂

Heureuse créature, qui ignorez les choses et les supercheries de l'amour !

A⁂

La galanterie des femmes ne compte guère pour elles.

Occupez-vous de votre personne, plutôt que de l'objet que vous croyez aimer.

Point de pitié pour la jalousie, l'un des moindres maux de l'amour.

Si le corps s'anime au souffle de l'amour, l'âme se noie dans cette passion.

Lynchez l'amour ; le brigand ne mérite pas l'honneur ou les frais d'un jugement régulier, ni la pitié suprême du poète.

A la mort de l'amour, mettons des habits de fête, épanouissons nos cœurs, détendons nos esprits, que nos lèvres murmurent son chant funèbre, comme un air patriotique.

Incinérons l'amour, et que ses restes soient livrés à la fureur des vents.

Les miasmes de l'amour sont un fléau ; ils engendrent une contagion redoutable pour ses fervents.

Amour noble, amour vulgaire, frères Siamois, vous êtes mon cauchemar.

⁂

Le style de l'amour est une pierre fausse ; plus il est en lumière, moins il brille.

⁂

L'amour est trop facile à prendre, pour que vous puissiez vous en défaire.

⁂

Un amant n'a point à avertir la femme de l'époque où il ne l'aimera plus ; autrement il chercherait à s'assurer d'être toujours aimé.

⁂

Les serfs de l'amour et les vantards du mariage n'ont pas encore songé à primer les reproducteurs de notre race. Ils préfèrent protéger les animaux domestiques et continuer Grammont.

⁂

Faites preuve d'amour devant mes yeux, et je plaindrai sincèrement votre erreur.

⁂

Ne dépensez rien pour l'amour, vous centuplerez votre capital.

Les adroits en amour sont les plus dangereux des hommes.

❧

Le mariage est presque un crime de lèse-nature, commis fréquemment dans la société, qui lui accorde volontiers le bénéfice de circonstances trop atténuantes.

❧

La punition des gens mariés est de voir partout des personnes qui ne le sont pas.

❧

Les hommes qui veulent arriver au mariage, commencent par la débauche, et finissent par le suicide à deux.

❧

La femme est capricieuse et romanesque, d'après François Ier; l'homme est un faible d'esprit, il admire les défauts et les vices de l'être inférieur qui procède de lui.

❧

Les femmes sont de parfaites ignorantes ; elles ne savent rien faire que des enfants, sans connaître le moyen de les élever et d'en faire des hommes.

❧

La société de la femme est dangereuse ; elle

rend l'homme cruel, barbare, et ses perfides chatteries lui apprennent la ruse.

Ce qui empêche la jeune fille silencieuse de s'ennuyer en préparant son trousseau, c'est de rêver à celui qui viendra demander sa main.

Une femme forte n'attend pas les solliciteurs pour le mariage ; elle va se proposer d'elle-même.

La galanterie est une femme qui passe, comme le premier oiseau voyageur venu.

L'homme célibataire, un égoïste ! Vous plaisantez, il veut toujours juger les femmes et ne pense qu'à cela.

Deux jeunes gens s'aiment, se regardent et se taisent. Quel singulier langage que cette conversation muette !

La femme est une rose mousse ; non, c'est la rose épineuse qui ne mérite pas une caresse, car à votre bienveillante intention, elle répondra par une piqûre.

Le vieillard célibataire a au moins la passion d'amour pour son état ; la sérénité de son visage vous donne la note de ses sensations.

Les hommes ont le droit de dire de l'amour tout le mal qu'ils en pensent, puisqu'il leur fait si peu de bien.

L'amour a dévoré mes printemps, et le reste de ma vie est employé à guérir ses blessures.

Epouser une veuve par spéculation, c'est succéder à quelqu'un, dans le langage brutal des affaires.

Mourir comme Joseph, le mari d'une vierge, c'est laisser sa succession à un héritier inconnu.

Les susurrements du cœur n'ont rien à voir dans les tic-tac de l'amour.

L'âge critique chez les femmes se trouve à la chute de leur vertu, du seizième au dix-huitième printemps.

L'âge critique chez les femmes se trouve à la chute de leur vertu, du seizième au dix-huitième printemps.

La femme est comédienne pour elle-même d'abord, et pour nos beaux yeux ensuite.

L'égoïsme sensuel, voilà le péché capital des femmes, avec la curiosité.

L'amour qu'elles offrent à l'homme de partager avec elles, n'est fait que pour leur propre satisfaction.

L'amour inconstant est la raison même.

L'œuvre d'amour accomplie, la femme est prête à briser l'homme, son instrument.

L'amour nous fait trébucher comme des enfants; il produit aussi l'effet du mirage, nous ne voyons avec lui que des belles femmes, vertueuses, et non leurs vices ou leurs faiblesses.

Nos théories spéculatives sur l'amour sont encore plus fades que leur objet.

A☙

Liberté et amour, sainte devise, à chaque instant profanée par les gens mariés.

A☙

L'homme heureux est le sage qui n'a point d'affections amoureuses.

A☙

L'amour est une infirmité du cœur, comme l'érésipèle une maladie du corps.

A☙

L'amour est le ver rongeur de l'humanité souffrante.

A☙

La haine est un des accidents de l'amour.

A☙

Oui l'amour est la pire des névroses, une névrose aiguë, et à graine.

A☙

Mauvaises femmes, bons maris, heureux célibataires !

L'homme n'a que les qualités de la femme ; il lui laisse volontiers ses défauts.

※

La chimie et la femme sont sœurs germaines par leur composition ; elles font éclater l'homme comme les explosifs en ite.

※

A tout âge, mieux vaut peindre les tristesses de l'amour que de le faire.

※

La femme est imbécile par nature ; à l'homme de ne pas tendre son esprit vers cet objectif, sans valeur nominale ou possessive.

※

L'homme est un artiste que la femme cherche à ravaler au-dessous de la réalité.

※

S'il existe un mauvais dieu, c'est celui de l'amour.

※

La jalousie est moins un excès de tendresse que d'amour.

Point d'appui bien fragile que la vertu d'une femme !

※

L'homme n'est qu'un levier plus ou moins puissant, pour une femme amoureuse.

※

La religion est une fable sans morale, et l'amour une fiction.

※

L'amour de la justice est le second besoin de l'homme, comme la liberté est le premier.

※

Être revêtu d'une robe sacerdotale, dont peu importe la nuance, tel n'est point le rêve du célibataire infaillible.

※

Dans l'armée des prêtres, depuis le soldat jusqu'au général en chef, il n'y a que des célibataires, dont les galons et le grade ne masquent pas suffisamment l'hypocrisie.

※

Si l'amour méritait quelque honneur, je lui adresserais une insulte.

Sacrifier à Vénus, c'est sacrifier sa vie.

L'homme naît célibataire ; il ne se marie souvent que par habitude. L'état le plus sain est de se complaire dans celui de la nature. Au cours de la vie, l'homme qui embrasse cet état librement, est plus parfait même que le prêtre à robe blanche.

L'amour ne fait point de miracles, tandis que la volonté et la raison enfantent des prodiges.

La science est l'amour et la consécration du vrai philosophique.

A gauche, comme à droite, les hommes sont trop portés à l'amour ; d'ailleurs, c'est le seul point central de ralliement de ces deux ailes.

Ne transigez pas avec l'amour, sans cela vous devenez esclave.

Les appétits de l'amour ne produisent que le désordre et les crimes.

L'amour naît souvent dans l'orage, aussi il foudroie Franklin.

※

L'idéal est le célibat ; les hommes mariés, la triste réalité de la vie.

※

Le danger de l'amour est le respect qu'on lui porte.

※

L'homme vertueux vit sans amour et sans passion ; le méchant se laisse maîtriser par eux.

※

Le vingtième siècle sera celui du célibat.

※

Exilons l'amour ainsi qu'un prétendant ambitieux, ou endiguons-le comme un fleuve en fureur.

※

L'amour se perd dans les détails insignifiants, et ne consolide que la banqueroute du cœur.

※

Pas d'indulgence pour l'amour étourdi ; déclarons-lui franchement la guerre sans trêve, et sachons soutenir un siège en règle contre l'intrigant.

La fermeté de caractère consiste dans le triomphe de la raison sur les sensibleries de l'amour.

Amertume, poison spécial laissé pour demain par l'amour d'aujourd'hui.

Votre désir immense d'aimer est en dehors des limites pratiques de vos forces d'exécution.

L'amour est laid, quand il n'est pas d'une difformité repoussante.

Quel double Zola pourra jamais reproduire, dans leur effrayante naturalité, les nombreuses hideurs de l'amour?

Le mariage est le réceptacle des célibataires affolés.

L'ambition peut guider une existence enfiévrée, l'amour est à peine la mouche du coche.

Aux orages éclatants, à la trombe destructive de l'amour, opposez la voix de la sagesse.

Être homme, c'est avoir perdu sa virginité, ailleurs que dans l'amour.

Un siècle de décadence se mesure avec le culte de l'amour et sa mise en œuvre.

Trop aimer est un péril ; si vous connaissez les flots de l'Océan et savez les calmer, ne tombez pas au pouvoir du corsaire amour.

Plus qu'un dieu, le célibat est donc éternel, puisque l'on en parle sans cesse et qu'on le voit si fort répandu à travers le monde.

L'amour viole tout, jusqu'à la modestie du foyer.

L'amour ne console de rien ; quelle vertu assez puissante fera tarir cette source de larmes sanglantes.

La mélancolie est un rejeton de l'amour.

Sur un million de femmes, y en a-t-il dix qui aiment l'homme, et une qui aime un homme ?

Le vice d'amour empruntant des noms ou des masques différents, demeure au sein de l'humanité, à l'état endémique, depuis trop de siècles. Destin assez bizarre ; mais sont-ils compréhensibles les êtres atteints de ce chancre, qui se transmettent gratuitement un pareil héritage, ou un legs aussi onéreux ?

Les femmes belles sont autant d'impudiques.

Du courage, osez donc vous soustraire à la corvée du mariage.

La femme toujours songeuse ne sait avec quel homme réaliser son rêve.

Vous souffrez pour une coquette qui ne vous accorde rien. Si vous avez de la tête, brisez là, au lieu de médire d'une femme sans cœur.

La nature ne se trouve dans sa splendeur

qu'à l'état sauvage. Voyez si l'homme barbare se donne à l'amour, puis comparez-le aux prétendus peuples policés.

⁂

Je doute de l'amour, donc je suis impartial envers lui.

⁂

L'amour, c'est l'ombre d'une illusion; ne vous trompez pas, et ne lâchez aucune proie pour lui.

⁂

La chose unique est le bien. En dehors de cette maxime, il n'y a que le vide, l'amour, le temps, l'espace et l'infini.

⁂

A l'instar du torrent déchaîné, l'amour déborde, mais il n'est point délicieux comme l'harmonie des sens, sublime comme la mer immense, respectable comme la vertu, adorable comme l'accomplissement du devoir.

⁂

Souriez à la mort inconnue qui vous rend visite et vous débarrasse de l'amour et de sa lamentable suite.

Ce ne sera pas un vain titre de gloire de graver sur ma pierre funèbre: *Il fut insensible aux séductions de l'amour.*

Je me console facilement de ma peine, si j'ai l'espoir d'accomplir votre délivrance du fardeau de l'amour.

Le citadin et le paysan mariés se moquent du célibataire endurci, produitanormal; et le célibataire hausse les épaules de dégoût, devant l'amoureux ou soi-disant tel, artificier en détresse de pétards.

Je ne pleurerai pas comme un enfant à l'enterrement de l'amour, et je ne me désolerai point comme le vieillard qui a voulu aimer.

Jeune, vous cherchez les émotions de l'amour; à l'âge mûr, si vous étiez sage, vous verriez que leur fuite procure paix et bonheur.

L'exaltation amoureuse est la note discordante

d'une gamme bien ordonnée ; elle vous conduit à la folie de l'enthousiasme.

Le rire franc du philosophe reflète son âme tranquille. C'est un soufflet pour l'amour, un dédain profond pour la sirène qui appelle l'homme afin de le faire succomber à ses encouragements.

Adoptez-vous les vices de l'amour, vous renvoyez sans congé préalable les qualités qui logent en vous.

S'affubler d'amour, c'est mettre un vêtement sans signature du tailleur, ou avec celle d'un tailleur en faillite.

Le vernis de l'amour ne cache que mieux les défauts du bois, et les trous du ver qui ronge le cœur.

Dédaignez l'amour et la fortune, ce double piédestal de pierre tendre qui ne saurait supporter d'une façon durable la statue granitée de l'indépendance du cœur et de l'esprit.

La raison ne se brise pas comme l'épée d'un duelliste ; elle pénètre toujours droit, et frappe l'amour au cœur.

Nous perdons notre jeunesse à nous initier aux mystères de l'amour, en luttant contre le bien inné en nous. Nous nous consumons pendant le surplus de notre existence, en nous habituant à vivre au sein de l'amour, de sorte qu'à la mort, nous ne laissons point d'œuvre de résistance derrière nous.

Buveurs d'eau, vous conquerrez l'empire de l'amour.

L'abeille pique moins que l'amour ; celle-là fait du miel, et celui-ci à peine de mauvaise cire.

L'amour, c'est le taon dont l'aiguillon porte du venin à tout ce qu'il mord.

Excepté pour l'amour, la jeunesse est sévère ; la vieillesse est faible pour lui et rigide pour ceux qui l'entourent. Cependant l'amour vu et jugé de haut ne peut être digne d'indulgence.

Plus l'homme s'est livré aux ébats de l'amour, plus sa vieillesse est maussade ; il a manqué de connaître le véritable plaisir, celui d'échapper aux filets du traître.

✻

Personne ne peut vous rendre la tranquillité de l'âme que vous avez follement perdue comme un prodigue, en ne restant point indifférent aux choses de l'amour.

✻

Vivre en stoïcien, c'est jeter au vent les joies de l'amour, et mourir en philosophe, c'est avoir la consolation d'avoir pratiqué le bien.

✻

Lorsque les nations se font la guerre pour posséder des mines d'or, et pouvoir se livrer à l'amour, leurs habitants débilités touchent à leurs derniers instants.

✻

L'amour nous trompe, puisqu'il nous rend insouciants des difficultés de la vie.

✻

Vous ne commencerez à apprécier le célibat que si vous avez jeté l'amour par-dessus bord.

Avec moins d'amoureux éperdus dans l'univers, ce vice ne serait plus qu'un simple accident.

Pour être expérimenté en amour, vouloir suffit; chassez d'abord son cortège d'illusions et de mensonges.

Quand les hommes pourront-ils dire en parlant de l'amour: « Monde connu des anciens? »

Un célibataire impassible a le cœur cuirassé contre les agissements de l'amour et défie le choc, d'ordinaire mortel, de ses coups redoublés.

L'amour, cet autre monde, celui d'où l'on ne revient pas, me fait désirer un monde nouveau, une seconde Colombie, pour échapper à la tempête des tourments, au cataclysme qui désolera ma patrie actuelle, la vieille terre d'Europe.

L'erreur de l'amour n'a que trop duré; coupables ceux qui l'ont fait naître, et émis cette monnaie de mauvais aloi; plus coupables encore ceux l'ont maintenue en circulation.

Non seulement il me soulage, mais il me
console par surcroît, le mépris de l'amour.

Le thermomètre du mariage monte trop pour
notre climat tempéré.

Vous estimez que le mariage est la libération
d'une dette envers la nature; je préfère le con-
sidérer comme le champ de bataille de la lutte
éternelle entre les sexes, comme un duel à vie.

Suivez Boccace, pour ne pas vous égarer dans
le labyrinthe d'amour.

Singulier être que la femme : amoureuse, elle
nous enivre, et froide, elle nous assomme.

Echappé aux ténèbres de l'amour, la liberté
vous sert de tour Eiffel.

Soyez indépendant et n'acceptez pas comme
devoirs les charges de l'amour.

Comme mon frère Jésus, je suis homme, et vous enseigne la pratique de l'abstinence sur l'amour, vertu d'en haut. Je ne verrai pas toujours la même affection satanique.

Enfant, vous croyez être heureux avec des impressions d'amour.

Le mariage est un rapide qui entraîne à sa chute le célibataire amoureux, au lieu de le guérir.

La femme vaut-elle l'honneur qu'on lui fait de parler d'elle?

Amour, désarme devant les traits que ma plume te décoche.

Amour mouillé, sèche-toi, et dessèche même, ainsi qu'un fruit au four.

Philistin, tu ne mérites point de voir l'aurore du célibat illuminant la terre promise à ses disciples, ni l'auréole de gloire dont son avenir sera orné un jour.

L'amour vagabond entre partout avec effraction.

L'amour vagabond entre partout avec effraction.

Je mets la bonne fortune en politique au-dessus de celle du ménage.

L'amour vrai vient de la nature; les prescriptions de la loi civile, les exigences des superstitions religieuses mettent autant d'entraves à sa manifestation.

Pluie, poussière ou vent, sont bien moins légers que la femme.

Instruisez votre esprit, éduquez votre cœur; nulle part ne mettez l'amour comme attrait ou assaisonnement.

Perdre son temps à chanter l'amour, au lieu de le combattre ou de le réduire!

Assoiffé d'amour, l'homme ne recule devant aucun effort pour se le procurer, et il élargit sans cesse, pour l'atteindre, le cercle de son pénible labeur.

Sacrifiez votre amour, afin de devenir le héros du devoir.

Le génie d'ordre supérieur n'apprécie dans son rayon que les célibataires restés à l'ombre ; sous ses pieds, il met ces fadaises quotidiennes, l'amour, la femme, etc...

Que de précautions vous prenez pour ménager les susceptibilités de l'amour qui vous gêne, sans vous en apercevoir !

Le désir amoureux vous fait plus souffrir que les besoins de la faim.

J'ai le courage de condamner l'amour, mais la foule, au pied de mon tribunal, vocifère, comme un esclave ivre, en faveur de sa coquinerie.

L'amour est le bourreau du siècle. Pourquoi ne pas supprimer par la guillotine ou l'électricité ce criminel auteur de notre empoisonnement ?

L'amour est un pique-assiette, un communeux ;

il veut tout partager, mais en échange ne vous
laisse rien qu'un affreux souvenir.

※

La compagnie des célibataires me plaît ; avec
eux, j'oublie un moment le monde des exploités
ou des fous de l'amour.

※

Raisonnez comme moi, lecteur, et vous serez
dans le vrai, surtout en amour.

※

Optimiste, je vous offre une meilleure société
que celle de l'amour.

※

L'éclat de la vérité vous frappe, les subtilités
du mensonge amoureux vous consternent et
jettent partout l'épouvante.

※

La récompense du devoir bien rempli, c'est la
vertu sans l'amour, et l'aigle ne peut atteindre,
ni planer sur le sommet de cette région élevée.

※

L'amour est une force destructive suffisante
pour faire sauter en éclats et tomber en ruines

la société humaine. Pourquoi l'homme persiste-t-il
dans son entêtement à s'en servir, comme l'enfant
qui ne se rend pas compte du danger?

Innocence et mariage s'accommodent fort peu
ensemble; par bonheur, ils se rencontrent si
rarement.

La femme est la plus efficace des sangsues,
mais seulement pour ceux qui ont des attaques
d'amour.

Au pays de la monogamie, source de jalousie
féminine, le mariage semble une malpropreté
contre laquelle l'homme éprouve d'instinct un
sentiment de répulsion. L'odeur n'en devient
supportable que grâce aux procédés de désin-
fection donnés par la loi, notamment la sépara-
tion et le divorce, complément naturel du
mariage.

Femme, pleurez comme une urne, si vous êtes
souillée des platitudes matrimoniales, à l'instar
de Madame Bovary.

Il est opportun de rappeler souvent à la femme

que par elle, diminutif de l'homme, la nature
féconde a terminé la création, sans faire pour cela
un chef-d'œuvre.

Si le mariage libre, façon Reclus, se célèbre à
la face du soleil, le légitime doit s'accomplir à
minuit.

L'amour disparaît chez l'épouse, quand il a
existé après les fiançailles. Donc pas de vieilles
amours, point de vrais Philémon et Baucis,
personnages de fable.

Voltaire n'a pas épargné l'institution trop
antique et peu solennelle du mariage. « C'est
une chose si grave, a-t-il dit, qu'il n'y a pas
assez de toute la vie, pour y songer. » Et il est
mort nonagénaire, sans attendre la fin de son
rêve, cet homme plus impatient que les siècles.
Moins rigoureux que l'aimable garçon philosophe,
nous admettrions, par atténuation, le mariage
pour les Chevreul seulement.

La virginité est un scellé mis à grands frais
par la nature sur la femme, objet de peu de
valeur.

Au souffle ardent de l'homme, la femme devient la pierre de touche de l'amour comme des bijoux.

＊

La pauvreté n'est une insulte pour personne, pas même au riche, atteint de religiomanie.

＊

La vertu et la pauvreté ne vivent guère chez les femmes.

＊

Prompte à oublier le bien que lui fait l'homme, la femme ne se rappelle que le peu de mal venant de lui, sans pardonner jamais.

＊

Vous jugez facilement les femmes à leur style.

＊

Une solide instruction est si bien nécessaire à la femme que, sans cela, elle ne s'occupe que d'accessoires : le luxe, la grâce, les lettres d'amour.

＊

Vieille fille, qui n'as point fait de vœux, tu maudis ton rôle de passivité, mais tu es une martyre, sans puritanisme.

La chaine du mariage, dernière étape de la vie de garçon, est trop lourde pour deux personnes.

La femme ne raisonne guère et comprend encore moins; chez elle, tout n'est qu'émotion nerveuse.

Bout de dialogue : « Mais, Monsieur, je vous ferai observer que tout en n'étant qu'une femme, je..... » — « C'est déjà quelque chose, en effet, répondis-je. »

Le vice d'amour tue le respect de la vertu.

Si chaque jour nous avions un teneur de livres des folies amoureuses, il lui faudrait de bien gros registres pour les inscrire.

Etre faible, la femme a toutes les audaces, plus terribles que celle de Danton.

L'homme, dénué d'hypocrisie, peut embrasser une femme, sans ressentir la moindre affection pour elle.

J'estime la créature qui a des remords d'amour.

⁂

La femme illogique est, après la sangsue, l'animal qui s'attache le plus à l'homme.

⁂

Les affres de la mort ne sont rien auprès des tortures de l'amour.

⁂

Mariage, fâcheuse institution, thème inépuisable de querelles, au lieu de réunir, tu sépares en deux camps ennemis l'humanité entière.

⁂

Si la femme précède l'homme dans la tombe, le devoir à remplir lui reste, et dure autant que lui.

⁂

De préférence à la vertu et à la syntaxe, l'amour s'apprend de nature, par la pratique; pas besoin d'exemples pour le retenir.

⁂

L'homme, souffrant du cœur, n'a pas toujours de sujet à aimer, et digne de l'être.

⁂

Vous êtes célibataire; donc vous restez quelqu'un.

Aimez toujours le celibat, cause déterminante du bien et du dévouement, et mobile de la vertu.

Je ne sais à qui donner le prix de la malhonnêteté, au financier ou à l'amoureux.

Lecteur, baissez ou levez le rideau, à votre choix, la tragi-comédie du fol amour est jouée.

LA FEMME EN MINIATURE

Femme, abrégé du mal, esclave de la volupté,
tu as brisé avec la nature qui t'avait faite bonne,
en lui empruntant ses défauts. Ton égoïsme a
temps pour tout. Superficielle, tu te donnes à
l'amour, et arrives par lui à tes fins. Tu caresses
l'homme en le fascinant comme le serpent, à l'affût
d'une proie. Vigilante, ainsi qu'une chatte, tu fais
sentir le velours de tes mains, pour mieux réserver
tes griffes ; toujours sur le qui vive, sous prétexte
de défendre ta vertu périmée, tu attaques le cœur
indépendant et généreux de l'homme, de qui tu
procèdes ; mais la surprise est ton rôle, tu ne
sommeilles que pour, en rêvant, passer la revue de

tes victimes. L'homme est un bipède trouvé pour l'épuisement de la coupe de tes félineries.

Ta haine ne connaît que le poignard, le revolver ou le vitriol ; tels sont les plus doux instruments dont se sert chaque jour ta jalousie.

Quelles mœurs, quelle destinée !

A quand l'expiation, le châtiment suprême de tes innombrables forfaits et de tes scélératesses, chétive, misérable créature ?

CHATEAUDUN

Imprimerie de la Société du *Patriote*.

H. PRUDHOMME, D^r

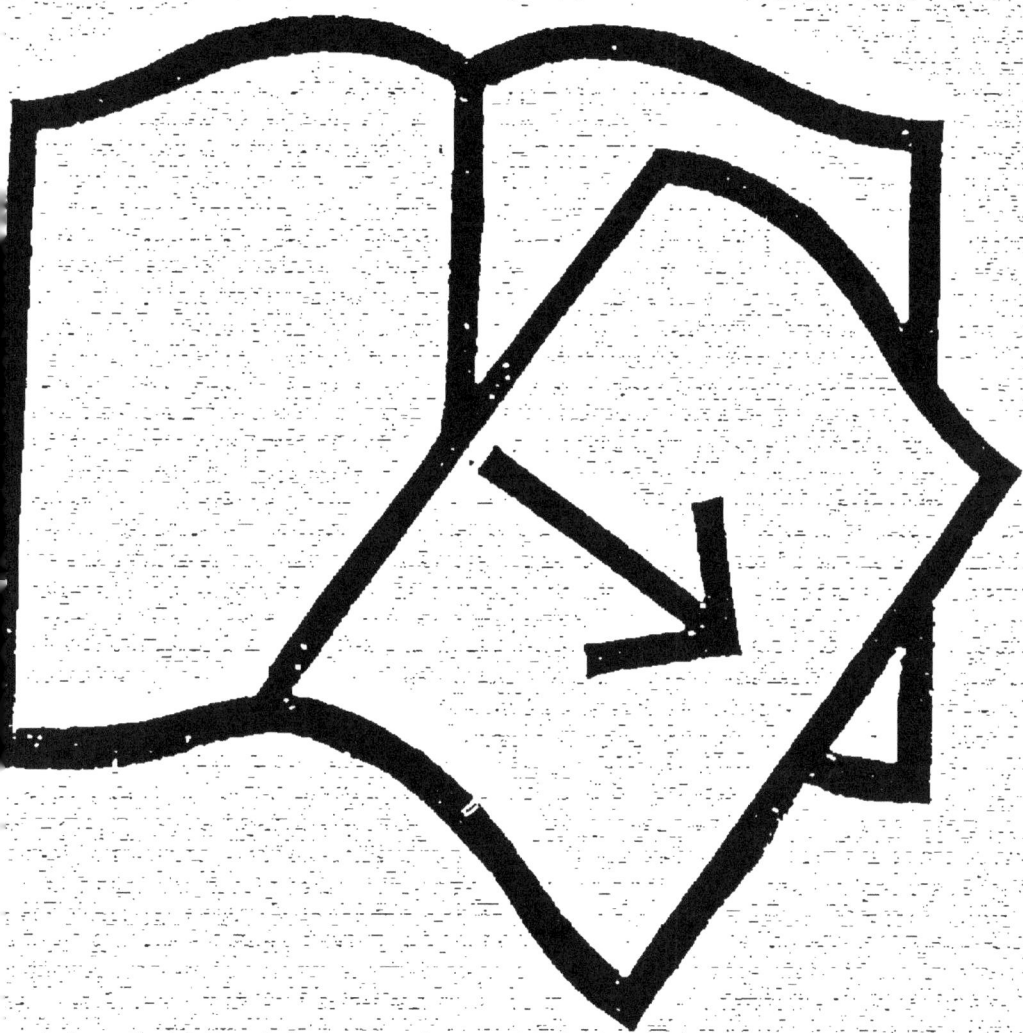

Documents manquants (pages, cahiers...)

NF Z 43-120-13